Tomemos en cuenta los sentidos

Autora: **Hyeon-Suk Kim**
Ilustradora: **Hong Kyong-Ju**
Asesor: **Kim Gil-Won**

Altea

¡Mis oídos son detectores de sonidos!
Con sólo escuchar puedo saber qué hay a mi alrededor.
Sonidos fuertes, suaves, estridentes...
A veces, incluso, puedo
escuchar cosas
a lo lejos.

¡Shh...!
¡Silencio!
No puedo oír.

El sentido del oído te permite oír.

¡Bip! ¡Bip!

¿Cómo oímos?

El sonido se transmite por el aire.

Se propaga como las ondas de un estanque cuando arrojas una piedra.

Siempre que se produce un sonido, las ondas de aire se propagan como las ondas en el agua y llegan a nuestros oídos.

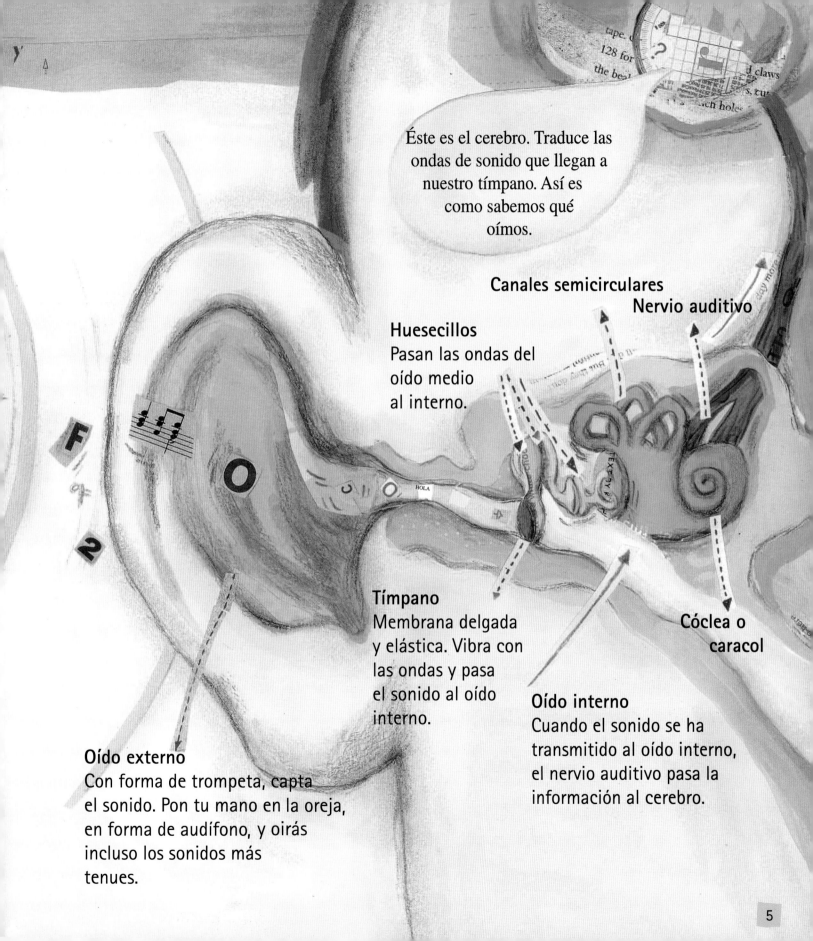

Éste es el cerebro. Traduce las ondas de sonido que llegan a nuestro tímpano. Así es como sabemos qué oímos.

Canales semicirculares

Nervio auditivo

Huesecillos
Pasan las ondas del oído medio al interno.

Tímpano
Membrana delgada y elástica. Vibra con las ondas y pasa el sonido al oído interno.

Cóclea o caracol

Oído interno
Cuando el sonido se ha transmitido al oído interno, el nervio auditivo pasa la información al cerebro.

Oído externo
Con forma de trompeta, capta el sonido. Pon tu mano en la oreja, en forma de audífono, y oirás incluso los sonidos más tenues.

¿Los saltamontes tienen oídos? Tienen dos pequeños oídos en la primera articulación del abdomen.

Algunos saltamontes levantan las patas delanteras. Significa que están tratando de escuchar. Las cigarras y algunos saltamontes tienen oídos en las patas delanteras.

Abdomen

Los murciélagos son los campeones del oído.
Tienen orejas tan grandes como su cara, lo cual les
permite oír sonidos que el humano no puede oír.

Los conejos tienen orejas grandes
para oír ruidos leves y lejanos.

Las serpientes no tienen oídos
externos; son sordas. Pero
tienen órganos sensoriales
bajo la mandíbula, que
detectan las vibraciones
en el suelo.

¡Mi nariz es un detector de olores!
Puedo identificar las cosas por su olor.
A veces detecta un sabroso
pollo frito, flores frescas e incluso
¡el desagradable olor del drenaje!

El sentido del olfato te permite oler.

¡Ummm…!
¿Qué podría ser ese olor?
Me pregunto si hoy es mi
cumpleaños…

9

¿Cómo detecta nuestra nariz los olores?
Las partículas de olor se esparcen por el aire.
Cuando respiramos, las partículas entran a la nariz
y así es como olemos.

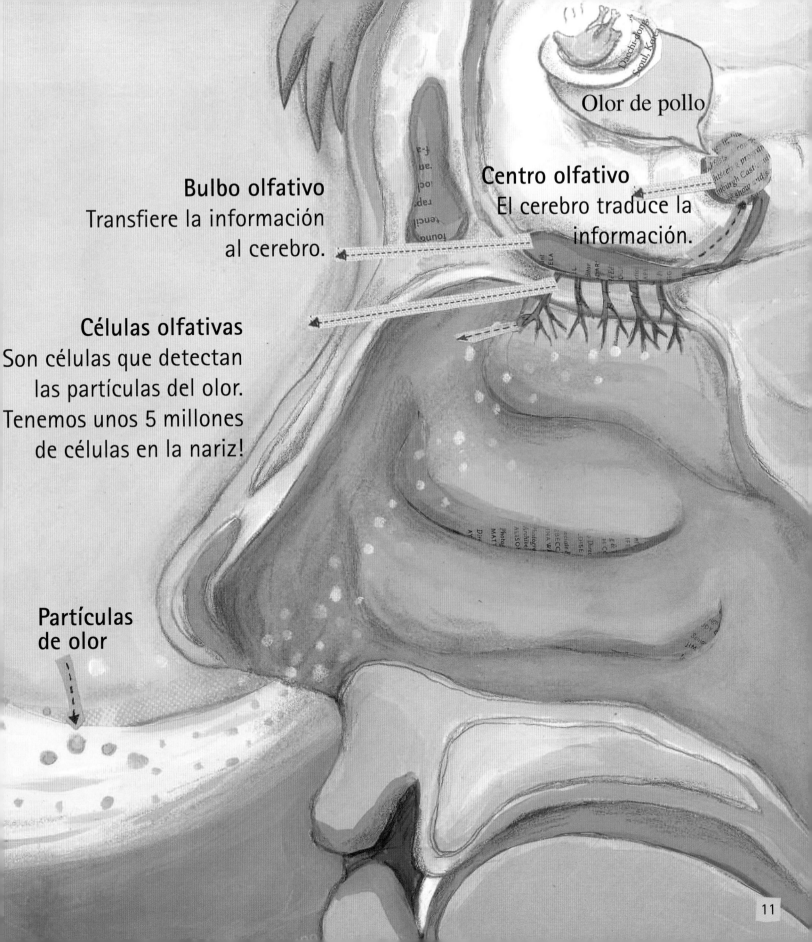

Olor de pollo

Centro olfativo
El cerebro traduce la
información.

Bulbo olfativo
Transfiere la información
al cerebro.

Células olfativas
Son células que detectan
las partículas del olor.
Tenemos unos 5 millones
de células en la nariz!

**Partículas
de olor**

¡Mis manos son detectores de sensaciones!
Sé lo que son las cosas por lo que siento.
Pueden sentir cosas lisas, rugosas, calientes
y frías, así como un dolor agudo.

La piel posee el sentido del tacto.

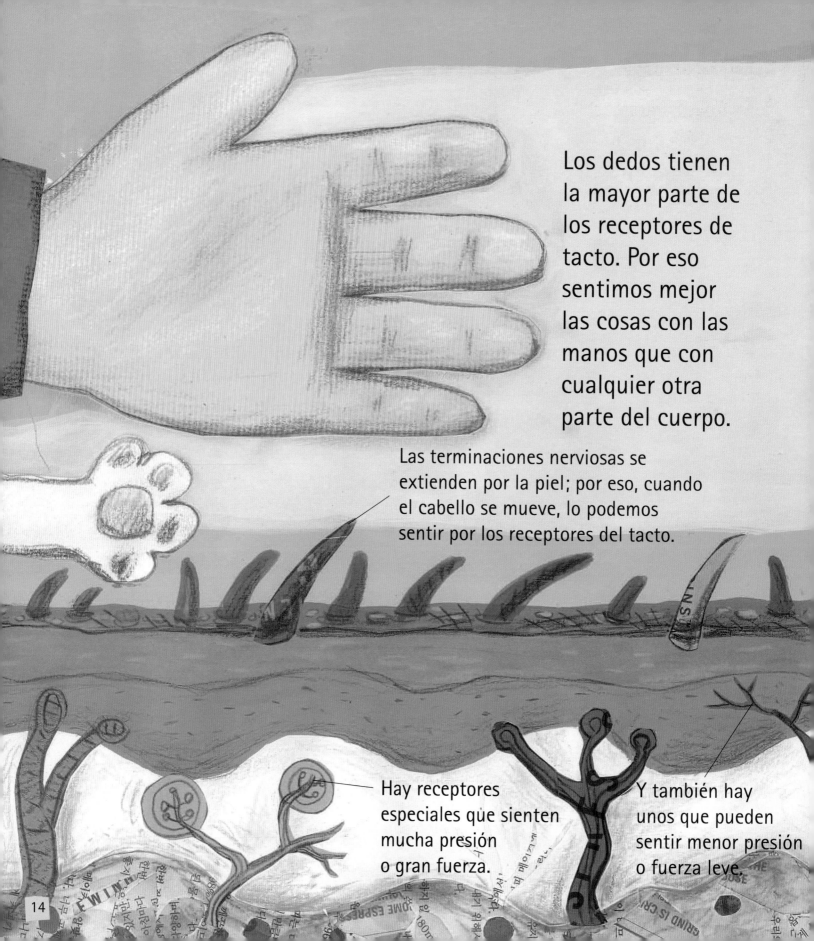

Los dedos tienen la mayor parte de los receptores de tacto. Por eso sentimos mejor las cosas con las manos que con cualquier otra parte del cuerpo.

Las terminaciones nerviosas se extienden por la piel; por eso, cuando el cabello se mueve, lo podemos sentir por los receptores del tacto.

Hay receptores especiales que sienten mucha presión o gran fuerza.

Y también hay unos que pueden sentir menor presión o fuerza leve.

14

¿Cómo siente nuestra piel?

El interior de tu piel es como un "bosque encantado".
Células receptoras que parecen árboles extraños están por todas partes.
Así es como se captan las sensaciones en la piel.

¡Oh, guau! Realmente se ve espeluznante, ¿no?

Célula que detecta dolor.

Célula detectora de calor y frío.

Los invidentes leen pasando los dedos sobre pequeños puntos con relieve.
¡Sorprendentemente, pueden leer tan rápido como si lo hicieran con los ojos!

La escritura Braille permite que los invidentes puedan leer. La forman pequeños puntos con relieve.

Los peces tienen células receptoras de tacto en los costados. Así pueden sentir el flujo del agua. Si un pez depredador nada cerca, la corriente del agua cambia. Los peces detectan este cambio con sus receptores y se alejan nadando.

17

¡Mi lengua es un detector de sabores!
Sé lo que son las cosas por su sabor.
Detecta sabores dulces, salados y
amargos... e incluso los desagradables.

El sentido del gusto detecta sabores.

¿Cómo percibimos los sabores?

La lengua está cubierta de miles de pequeñas protuberancias llamadas *papilas*.
Algunas de éstas son las *papilas gustativas*, que nos permiten detectar los sabores.

Nervio sensor del gusto

Papila gustativa

La superficie de la lengua está cubierta de papilas.

También podemos percibir los sabores por la nariz. Trata de beber jugo tapándote la nariz. ¿Te fue difícil saber el sabor del jugo que bebiste? Cuando tenemos la nariz tapada, sólo podemos percibir sabores dulces. Por eso perdemos el apetito cuando tenemos catarro. ¡Nuestra nariz está tapada!

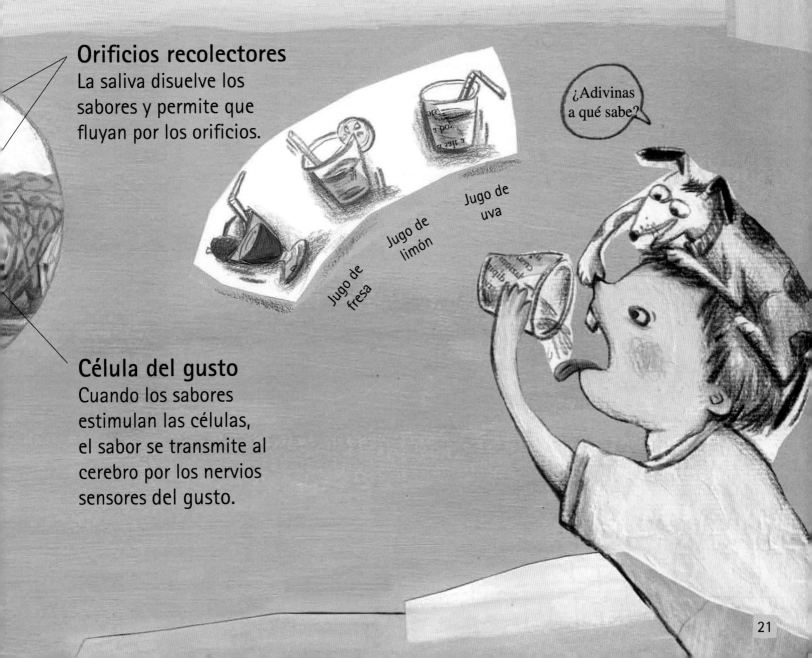

Orificios recolectores
La saliva disuelve los sabores y permite que fluyan por los orificios.

Jugo de fresa

Jugo de limón

Jugo de uva

¿Adivinas a qué sabe?

Célula del gusto
Cuando los sabores estimulan las células, el sabor se transmite al cerebro por los nervios sensores del gusto.

¡Mis ojos detectan imágenes! Una mirada y sé qué son las cosas. Puedo detectar esta forma, esa forma, este color, ese color... ¡A veces mis ojos también pueden distinguir formas y colores muy parecidos!

Rojo, amarillo, azul, televisión, sofá, libro. Sé lo que son las cosas con una mirada.

Los ojos nos dan el sentido de la vista.

¿Cómo ven los ojos?

Todo lo que vemos es luz. Cuando la luz choca
con un objeto, rebota y lo hace visible. Esta luz la
detectan nuestros ojos y es así como vemos las cosas.

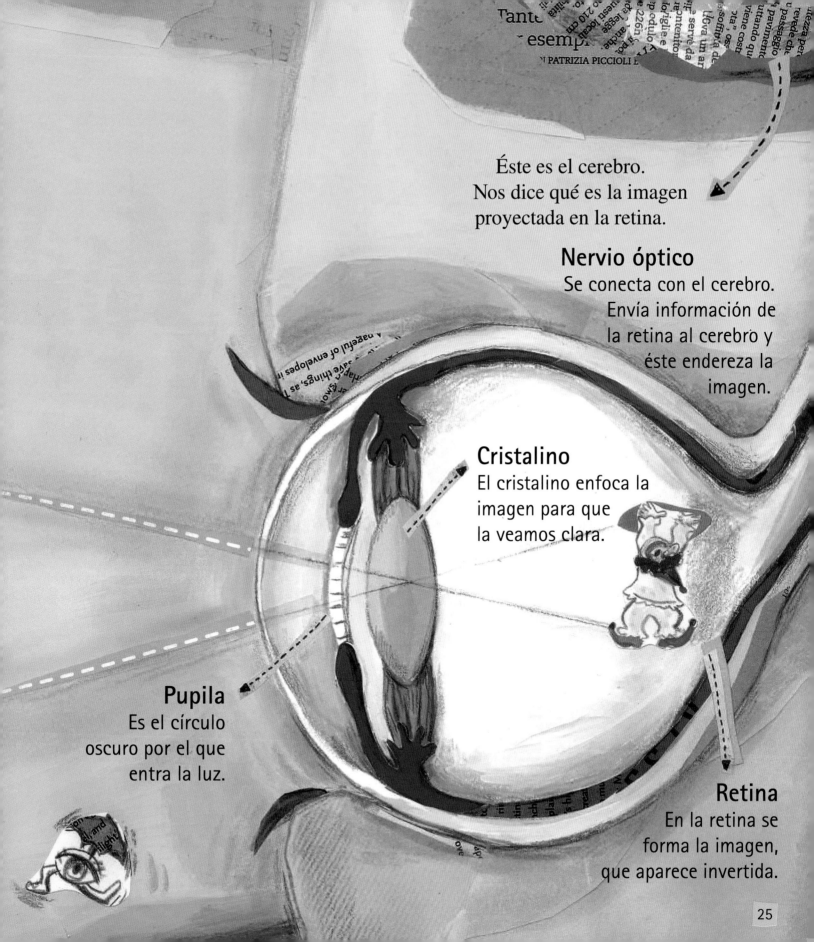

Éste es el cerebro.
Nos dice qué es la imagen
proyectada en la retina.

Nervio óptico
Se conecta con el cerebro.
Envía información de
la retina al cerebro y
éste endereza la
imagen.

Cristalino
El cristalino enfoca la
imagen para que
la veamos clara.

Pupila
Es el círculo
oscuro por el que
entra la luz.

Retina
En la retina se
forma la imagen,
que aparece invertida.

Al igual que los seres humanos, los monos perciben muchos colores. Así que pueden distinguir a distancia si una fruta está madura y lista para comer. Las abejas mieleras pueden percibir colores que los humanos no somos capaces de ver. Pero, a diferencia de nosotros, la mayoría de los animales no distingue los colores.

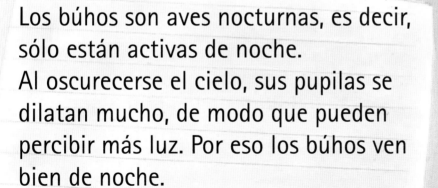

Los búhos son aves nocturnas, es decir, sólo están activas de noche.
Al oscurecerse el cielo, sus pupilas se dilatan mucho, de modo que pueden percibir más luz. Por eso los búhos ven bien de noche.

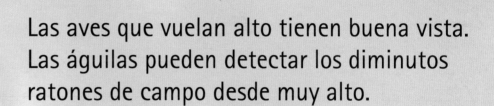

Las aves que vuelan alto tienen buena vista. Las águilas pueden detectar los diminutos ratones de campo desde muy alto.

Las libélulas tienen millones de ojos diminutos, todos juntos como un panal de abejas. Esto amplía su campo de visión, ayudándoles a ver más cosas a su alrededor.

Mi cuerpo tiene cinco sentidos, y cada uno de estos
sentidos tiene un poder especial.
Mis sentidos del oído, olfato, tacto, gusto y vista
me permiten percibir toda clase de cosas.

Me ayudan a encontrar lo que deseo
y también me protegen del peligro...

Nota del profesor

Tomemos en cuenta los sentidos
Kim Gil-Won (Universidad de Seúl, Facultad de Ciencias Naturales).

Nuestro cuerpo recibe cantidades inmensas de información del ambiente. Podemos oír el claxon de los autos, percibir aromas agradables, ver la forma y color del fuego o sentir la temperatura de los objetos. Órganos sensoriales especiales como los ojos, los oídos, la nariz, la lengua y la piel detectan esta información. La información recibida por estos órganos es transmitida por medio de nervios al cerebro, donde se produce una respuesta apropiada.

Una cualidad especial de las células sensoriales es que deben recibir un estímulo para que se genere una respuesta. Hay células sensoriales que sólo responden a cosas calientes o frías, células que reaccionan sólo a la luz y células que sólo detectan partículas de olor. En los animales, la oposición de los ojos, las fosas nasales y las orejas está determinada por la posición de sus células sensoriales.

Las células sensoriales de los ojos en los seres humanos son más sensibles al verde, el amarillo y el azul. Entre los animales, cada uno tiene una percepción diferente del color. Por lo tanto, el mundo que vemos es muy diferente del que ven los animales. Los insectos y las abejas mieleras que se alimentan del néctar de las flores tienen células sensoriales visuales para percibir la luz ultravioleta. Las flores reflejan mucha luz ultravioleta que atrae a los insectos. Si las células sensoriales de los seres humanos y de los animales no reconocen correctamente la información que están recibiendo, pueden estar en riesgo al no poder evitar un peligro. Esto también significa que no pueden buscar alimento La forma en que los animales procesan la información no es tan compleja como la forma en que lo hacen los seres humanos. Sin embargo, las células sensoriales que necesitan para sobrevivir están sorprendentemente bien desarrolladas.

Las serpientes tienen mala vista y oído en comparación con los seres humanos. Sin embargo, su lengua es muy sensible y puede detectar una gran cantidad de partículas de olor. Entre los ojos y las fosas nasales tienen un órgano sensor de temperatura que puede detectar variaciones de 0.001 grados.

Los murciélagos captan ondas de sonido super-sónicas imperceptibles para el hombre. Pueden emitir este tipo de ondas con el hocico y la nariz, las cuales rebotan como eco en los objetos y penetran en sus enormes orejas. Así es como los murciélagos pueden conocer la forma, la posición, el movimiento y la velo-cidad de los objetos a su alrededor

Como muchos insectos, las libélulas tienen grandes ojos compuestos por muchos ojos diminutos. Cada ojo ve ángulos diferentes del mismo objeto. Así es como las libélulas pueden detectar incluso el más leve movimiento.

Los seres humanos tienen la habilidad de procesar sentimientos como tristeza, felicidad y apreciación por la belleza. Los bebés recién nacidos no reconocen el sonido que hace la lavadora. Pero al crecer aprenden a reconocerlo. La capacidad de pensar se desarrolla con la experiencia y al estudiar el mundo que nos rodea aprendemos a asociar los sonidos con los objetos. En la memoria almacenamos juntos el aroma y la imagen de las flores hermosas, lo que nos permite relacionar las flores con un aroma agradable.

La autora, **Hyeon-Suk Kim**, se especializó en Sociología en la Universidad Sung Gyeong, y actualmente escribe libros para niños. Ha escrito, entre otras, las siguientes obras: *Math Puzzle Challenge 1 & 2, Here and There with Flour Dough, Traveling Around the World Looking at, Essential Needs,* and *Fun, Imaginative Animal Histories.*

La ilustradora, **Hong Kyong-Ju**, se especializó en Pintura Occidental en la Universidad para Mujeres Duksung. Los libros ilustrados le atraen tanto que tomó el curso Hankyoreh de ilustración de libros. Actualmente es maestra de niños e ilustradora de libros.

El asesor, **Kim Gil-Won**, se graduó en la Universidad Hankuk Kyowon, con especialidad en Ciencia Animal. Recibió el doctorado en Conducta Animal en la Universidad de Nancy, Francia. También trabajó en la Universidad de Wisconsin como investigador. Actualmente es catedrático de Ciencia de la Vida en la Universidad Nacional de Seúl en calidad de profesor Brain Korea (eminencia de Corea). Escribió *Nursing Baby Animals, How Do Animals Build Their Homes?* y *Migration of Animals.*

Tomemos en cuenta los sentidos | ISBN: 978-970-770-872-3

Título Original: *Allowing Five Senses* | D.R. © Yeowon Media, 2006 | De la primera edición en español: D.R. © Santillana Ediciones Generales, S.A. de C.V., 2007, Av. Río Mixcoac 274, Col. Acacias, México, D.F. | Traducción y formación: Alquimia Ediciones, S.A. de C.V. | Cuidado de la edición: Carlos Tejada, Gerardo Mendiola y Norma Fernández Guerrero

De esta edición: D.R. © Santillana USA Publishing Company, Inc., 2012.
2023 NW 84th Ave., Doral, FL 33178

www.santillanausa.com

10